AF456146

LES
dépendances
de
Madagascar

Les Comores - Les Glorieuses
Saint-Paul et Amsterdam
Kerguelen et Terre-Adélie

ÉDITÉ PAR LA « DÉPÊCHE COLONIALE »
19, rue Saint-Georges, Paris

LES DÉPENDANCES DE MADAGASCAR

Les dépendances de Madagascar comprennent : l'archipel des Comores, auquel est rattaché le groupe des îles Glorieuses, les îles Saint-Paul et Amsterdam, l'archipel des Kerguelen et la Terre Adélie.

ARCHIPEL DES COMORES

Quatre îles principales constituent l'archipel des Comores : la Grande-Comore, Mohéli, Anjouan et Mayotte, îles qui sont dispersées dans l'Océan Indien, du Nord-Ouest au Sud-Est, entre la côte orientale du continent africain et l'île de Madagascar.

GÉOGRAPHIE

La Grande-Comore. — L'île de la Grande-Comore, appelée par les indigènes Angazidja, est la plus importante de l'archipel.

Sa superficie est d'environ 1.200 kilomètres carrés. Sa population générale atteint près de 73.000 habitants et celle du chef-lieu de l'île, Moroni, est d'environ 3.500 âmes.

Cette dépendance de Madagascar se développe du Nord au Sud sur une longueur de 67 km. 500 et sur une largeur, Est-Ouest, de 27 km. 500 environ.

Au Nord-Est de l'île, on remarque un massif montagneux de collines volcaniques d'une altitude de 600 à 700 mètres, présentant des cratères et de larges échancrures produites, autrefois, par la coulée des laves. L'île est partagée en deux versants, et au Sud, se dresse la masse du Karthala, volcan en activité, dont la cime se dresse à 2.560 mètres d'altitude. Enfin, dans l'extrême Sud, on remarque, rattaché au Karthala, un troisième massif, le Nioumamilina, avec un plateau, le Simbousa-Badjini, de 400 mètres d'altitude.

On ne rencontre, sur toute l'île, que des roches d'origine éruptive et son sol n'est constitué que par des couches superposées de laves, de scories et de cendres. Basaltes, grès brûlés, trachytes, tufs volcaniques, laves vitrifiées, etc. D'où le mot « Komorro » (là du feu) pour symboliser les nombreuses éruptions qui se sont produites depuis 1855, sans mentionner celles qui eurent lieu antérieurement à cette date et non notées. Les coulées de lave du Karthala ont fait notamment l'objet d'une étude de M. le professeur A. Lacroix, de l'Institut, qui a consigné, dans la *Minéralogie de Madagascar*, les résultats de ses intéressantes observations, surtout en ce qui concerne l'éruption de 1918. Dans le tome premier de cette publication (Esquisse géologique, pages 141-148) se trouve le récit, fait par le grand savant, des phénomènes survenus au cours de la période d'activité du volcan, pendant laquelle la hauteur de la colonne de cendres, crachées par le Karthala, a été estimée à deux fois la hauteur de ce dernier, soit 5.000 mètres !

Comme les autres îles de l'archipel, la Grande-Comore est ceinturée de coraux et de récifs, sauf dans certains endroits, où la côte est bordée par des grèves de galets et des plages de sable très blanc, lorsque ce dernier est d'origine madréporique, ou noirâtre, quand il est de formation volcanique.

La Grande-Comore n'est point favorisée, au point de vue de l'hydrographie. En raison de sa conformation géologique, essentiellement poreuse, on n'y rencontre aucune rivière, aucun ruisseau. Mais, à l'époque des grosses pluies, les ravins profonds, qui sont très nombreux sur les pentes abruptes du pourtour de l'île et, surtout, qui partant du massif du Khartala, déversent des quantités considérables d'eau, bien vite épuisées, malgré l'abondance des pluies. Cependant quatre sources sont à mentionner : au Nord, celles de la Grille et des Godets et, dans le Sud, celles de Morotso et de Miambéni.

L'alimentation en eau des habitants a lieu au moyen de grandes citernes ou de jarres, dans lesquelles sont recueillies l'eau des pluies et, encore, dans les régions du littoral, au moyen de puits (foumbou), creusés au-dessous des couches de lave, mais l'eau qu'on y recueille est rendue saumâtre par des infiltrations de l'eau de mer.

La Grande-Comore est cependant l'île la plus saine de l'archipel. Il y règne deux saisons : la saison chaude, qui dure de novembre à avril, caractérisée par des pluies torrentielles, une énorme tension électrique et de fortes chaleurs. Au contraire, durant la saison sèche, les orages sont beaucoup moins fréquents, l'atmosphère est rafraîchie par les vents du Sud-Ouest et les nuits sont même froides.

Sur les côtes, le climat de la Grande-Comore est, à peu près, le même que celui des autres îles de l'archipel, mais, sur les hauteurs, la température devient plus facilement supportable que partout ailleurs et on a pu noter, à partir de 1.800 mètres, des baisses thermométriques de 5° au dessous de zéro.

Au point de vue sanitaire, le paludisme se manifeste peu dans l'île, ce qui permet aux Européens d'y demeurer de longues années, surtout s'ils résident sur les hauteurs.

*
* *

Mohéli (Maoli), dont le chef-lieu est Fomboni, est entourée d'une ceinture de coraux. Elle a une forme elliptique, s'étend sur 29 kilomètres en longueur et sur environ 12 km. 500 de largeur et a une superficie de 230 kilomètres carrés. Bien qu'elle soit la plus petite des îles de l'archipel, elle est la plus fertile, mais la moins salubre.

Son sol présente une série de collines et de mamelons, s'élevant en pente douce du bord de la mer jusqu'au centre de l'île et dont le point culminant atteint 675 mètres. Les divers mamelons sont séparés par des vallées, arrosées par des torrents ou des ruisseaux très nombreux, dont les plus importants sont le Nombeny, le Miringoni et le Chikoni.

D'une façon générale, le sol est gras : les bas-versants des collines et les vallées sont peuplées de cultures, de manguiers et, principalement, de cocotiers et de pâturages.

Mohéli est d'origine volcanique. De nombreux volcans éteints se trouvent dans l'île, de formation feldspathique.

Le climat de l'île est très inégal. Pendant la saison fraîche, qui dure de mars à septembre, souffle le Koussi, vent du Sud-Ouest ; d'octobre à novembre, c'est le Nombeny, vent d'Est, qui apporte les premières pluies ; enfin, de décembre à février, règne la saison des fortes pluies, durant toute laquelle le Kaskassi, ou mousson du Nord-Est, souffle avec violence et entrave la navigation pour les navires de faible tonnage.

*
* *

Anjouan. — L'île d'Anjouan a une superficie de 390 kilomètres carrés et une population d'environ 30.000 habitants. Son chef-lieu, Mutsamudu, compte, pour sa part, plus de 2.500 âmes.

Le pourtour d'Anjouan est d'environ 150 kilomètres. Les côtes abruptes sont bordées de galets ou de coraux, mais dans le Nord-Ouest de l'île elles offrent une vaste baie de 30 kilomètres de long sur une profondeur de 9 kilomètres. Dans le Sud, se trouve un port, ou du moins un mouillage, très resserré, mais assez sûr pour les bateaux de faible tonnage. Par contre, la grande baie de Mutsamudu l'est beaucoup moins. L'eau y est très profonde, à tel point que les navires doivent mouiller à moins d'un mille de la côte.

Au Nord-Ouest de l'île, se trouvent un gros récif et un îlot appelé la Selle.

Anjouan, tout comme les autres îles de l'archipel, est de formation volcanique. La baie de Mutsamudu n'est peut-être qu'un vaste cratère effondré, les vallées qui l'entourent présentent nettement un caractère lavique. On y rencontre des basaltes, des pegmatites et des roches granitoïdes à amphibole où domine la hornblende.

Anjouan a plusieurs montagnes boisées aux paysages pittoresques et colorés (notamment le pic M'Tingui), d'où descend la rivière de Mutsamudu.

Le climat de l'île est à peu près le même que celui de Mohéli, mais comme il y a peu de marécages, les fièvres paludéennes y sont très rares.

*
* *

Mayotte (Mahore) dont la superficie est de 360 kilomètres carrés, est située au Sud de l'archipel. Bien que son littoral soit ceint de multiples bancs de coraux, plusieurs ilôts émergent de ces bancs : Pamanzi, Bouzi, M'zambourou, Bandeli, Magnamori-Aombe, Ajanga et enfin Dzaoudzi qui, séparé de la « Grande Terre » de Mayotte par un détroit de 2.500 mètres environ, offre une rade (la rade de Dzaoudzi) permettant aux navires de trouver un refuge contre la grande houle de l'océan Indien.

La population de Mayotte est d'environ 13.000 habitants.

Une chaîne de montagnes aux sommets peu élevés traverse l'île, dans le sens de sa largeur, et la rend très accidentée. Les pics principaux sont : Outchongui (642 mètres) ; Valentyn (642 mètres) ; Mavesami (de 662 à 648 mètres) ; M'Sapéré (580 mètres) ; Combani (540 mètres), etc..

Les côtes, très découpées de l'île, sont ornées de larges baies, dont les principales à mentionner sont celles de Longozi, d'Andréma, de Soulou, de Chingoni et, plus particulièrement, celle de Boeni qui, par les montagnes qui l'environnent, se trouve à l'abri de tous les vents et offre une rade sûre aux navires de faible tonnage.

L'orographie de Mayotte consiste en deux chaînes principales : la première s'étend sur la partie centrale de l'île, dont elle suit une direction, en général, parallèle à la côte Est ; la deuxième chaîne, séparée de la première par les vallées de Debeney et d'Ougouzou, s'étend de l'Est à l'Ouest.

Il existe quelques massifs secondaires, dont les principaux sommets sont le Moraniombe, situé dans le Nord-Ouest de l'île, et l'Ouchougui (l'Espion) dans le Sud, véritable cône, aux pentes très abruptes, qui domine l'île entière.

Enfin, il faut mentionner la plaine de Malamani, recouverte par une jolie forêt.

Il n'existe à Mayotte aucune rivière proprement dite ; mais on y rencontre des torrents, qui sont presque à sec pendant une partie de l'année, et la source de Magimbini, à 400 mètres d'altitude, sur la « Grande Terre ».

Le climat de Mayotte, et en particulier celui de Dzaoudzi,

VUE DE MORONI, A LA GRANDE-COMORE

est supportable. La Grande Terre et les îlots, qui l'environnent, sont, en effet, à la saison fraîche, balayés par la mousson du Sud-Ouest, le Koussi, et, à la saison chaude, par le Kaskassi, qui est la mousson du Nord-Est, lesquelles exercent une action très favorable sur la température, en toutes saisons, en même temps qu'elles permettent d'assurer des communications régulières avec les autres îles qui composent l'archipel des Comores.

HISTORIQUE

L'époque de la première colonisation des Comores est très incertaine.

D'après un manuscrit écrit à Mayotte et cité par M. Gevrey, dans son *Essai sur les Comores*, l'arrivée des Sémites remonterait au temps de Salomon ; selon la légende, une expédition d'étrangers vint du golfe Persique pour chercher le trône de la reine de Saba, caché par les génies dans le cratère du Karthala, mais ils furent repoussés et abandonnèrent leur entreprise.

Puis des noirs seraient venus de la côte d'Afrique et se seraient répandus dans toutes les îles de l'archipel.

D'après le géographe Edrici, les Arabes ne seraient venus aux Comores qu'à partir du VIIe siècle, peut-être même au XIIe siècle.

Il semble, cependant, certain qu'une grande expédition, partie du golfe Persique, vers l'an 360 de l'Hégire, soit en l'an 982 de notre ère, débarqua d'abord sur la côte africaine, où elle fonda Kiloa, puis s'étendit à Zanzibar et Sofala, pour s'arrêter aux Comores, déjà peuplée par des noirs venus d'Afrique. Mayotte n'aurait reçu que très longtemps après les trois autres îles de l'archipel des colons asiatiques, arabes ou persans.

Les Portugais s'installèrent à la Grande-Comore entre 1500 et 1505. A leur arrivée, les habitants de l'île se dispersèrent dans les autres îles. Les Portugais durent, cependant, abandonner leur établissement à une colonie de Sémites, partis du golfe Persique ou de Kiloa, sous la conduite de Mohammed ben Aïssa, et qui s'établirent à la Grande-Comore, à Mohéli et à Anjouan.

Peu après, commencèrent les premières immigrations d'origine malgache, qui se produisirent à la suite de guerres intestines entre les peuplades de la côte Ouest de Madagascar : un groupe Sakalava, vaincu, vint s'établir dans une baie située dans le Sud de Mayotte et qu'ils appelèrent Boeni, en souvenir de la côte Nord-Ouest de Madagascar.

Des migrations, dues aux mêmes causes, continuèrent jusqu'au XIXe siècle, lors de la conquête du pays Sakalava par Radama Ier. A la mort de ce dernier (27 juillet 1828), la reine Ranavalona Ire, voyant dans le prince Ramanetaka, cousin de Radama Ier et gouverneur de Majunga, un rival et un prétendant dangereux pour son trône, le proscrivit et Ramanetaka, accompagné de sa femme, de ses enfants et de ses partisans,se réfugia à Anjouan, où il reçut l'hospitalité du sultan Abdallah II, qui lui confia le gouvernement de Mohéli.

Mais Ramanetaka finit par se convertir à l'islamisme, rallia les Arabes et le reste de la population musulmane de l'île et, sous le nom d'Abderhaman, accapara Mohéli et se déclara indépendant. Il se fit proclamer sultan de l'île, lança une expédition contre Mayotte, en chassa le sultan Andriantsouli, s'empara du pouvoir, qu'il dut abandonner à la suite d'une intervention armée d'Abdallah, qui reprit Mayotte et Dzaoudzi en 1835.

Une nouvelle expédition tentée contre Ramanetaka par Abdallah, fut fatale à ce dernier, qui, fait prisonnier, mourut de faim.

Ramanetaka mourut en 1841, laissant deux filles mineures, dont la princesse (Djoumbé) Fatimat devait recueillir sa succession.

Un conseil des chefs fut chargé de la régence et les deux enfants furent confiés à la veuve d'un armurier français mort au service de Ramanetaka, Mme Drouet, native de Pondichéry.

Le conseil de régence, désirant obtenir la protection d'une puissance étrangère, se vit offrir par le gouverneur de Mayotte le protectorat dela France. Mais Fatimat, poussée par un groupe hostile à notre influence, voulut traiter avec le sultan de Zanzibar.

Elle ne put le faire par suite d'une démonstration navale faite le 26 mai 1849 par notre frégate, la *Reine-Blanche*, et notre corvette à vapeur, le *Cassini*, qui mouillèrent devant Fomboni, pour parer à toutes éventualités. Le représentant du gouvernement français fut invité à assister officiellement au couronnement de la sultane Fatimat qui, après avoir congédié Mme Drouet, ne tarda pas à épouser Saïd Mohammed, cousin du sultan de Zanzibar, qui fut exilé peu après par les Mohéliens à la Grande-Comore, où il mourut en 1864.

Là-dessus M. Lambert, qu'une révolution à Tananarive, au cours de laquelle le roi Radama II fut assassiné, avait dû faire quitter Madagascar, vint s'établir à Mohéli, où il fut d'abord reçu avec bienveillance par Fatimat, qui lui concéda toutes les terres qu'il pouvait mettre en valeur. Mais sur les instigations d'un agent du sultan de Zanzibar, M. Lambert fut bientôt éconduit et se vit même refuser l'accès de Mohéli, à son retour d'un voyage qu'il avait dû accomplir à la Réunion.

Une première démonstration navale fut faite devant Fomboni, par le transport *Indre* et l'aviso *La Bourdonnais*, qui devant l'obstination des Mohéliens durent ouvrir le feu et détruisirent une partie de la ville.

Fatimat dut céder et abdiqua en faveur de son fils Mohammed. Fatimat, après un voyage à Paris, mourut à Mohéli en 1878.

A l'avènement de Mohammed, l'anarchie régna dans l'île et un détachement de marins dut être laissé à Fomboni pour garder l'habitation de M. Lambert. La mort vint frapper brusquement celui-ci, le 23 septembre 1873, au moment où, s'étant remis résolument au travail, il allait faire prospérer son domaine.

Mohammed, incapable, fut renversé et remplacé par son frère Mahmoud, qui ne tarda pas à être destitué à son tour.

Le conseil des notables de Mohéli désigna le prince Marjani comme sultan de l'île et décida de placer le pays sous le protectorat de la France (26 avril 1886). Mais des rivalités entre Mahmoud et Marjani déchaînèrent la guerre civile. La France dut intervenir. Marjani fut déchu et la princesse Salima Machamba, fille de Fatimat, fut nommée sultane, mais dut être envoyée en 1889 à la Réunion pour y recevoir des soins médicaux. Elle y épousa en 1901 le gendarme Paul. En fait, elle n'a jamais régné et la régence exercée par son frère Mahmoud prit fin en 1897, avec la déchéance de ce dernier et son envoi en exil à la Réunion, où il mourut l'année suivante.

L'île de Mohéli fut alors placée sous l'autorité d'un résident de France, relevant directement du gouvernement de Mayotte, puis en même temps que celle-ci, d'abord rattachée au gouvernement de la Réunion, le 23 janvier 1896, ensuite, par décret du 9 avril 1908, au gouvernement général de Madagascar et, enfin, déclarée colonie française et incorporée à Madagascar.

*
* *

L'histoire d'*Anjouan* est intimement liée à celle des autres îles de l'archipel, en ce qui concerne notamment sa colonisation par les musulmans originaires de Chiraz et les immigrations diverses qui eurent lieu aux Comores par la suite. Nous mentionneront surtout les incursions qui furent faites, à la fin du XVIIIe siècle et au commencement du XIXe, par les Sakalava, dont les pirogues de haute mer abordaient sans cesse aux rivages d'Anjouan.

Plusieurs sultans régnèrent sur Anjouan depuis Hassan ben Mohammed ben Aïssa. Les principaux furent

Mohammed ben Hassan, sa fille la sultane Halima Ire, Halima II, Salim, Ahmed, Abdallah Ier, Moanié Allaoui, qui garda le pouvoir de 1796 à 1816 et sous le règne duquel débarquèrent à Anjouan trente-deux Français, dont le général Rossignol, déportés par le premier consul Bonaparte et qui n'ont laissé aucune trace de leur passage dans l'île.

A la mort d'Allaoui, son fils Abdallah II lui succéda. Nous avons déjà relaté ses démêlés avec Ramanetaka qui, l'ayant fait prisonnier, le laissa mourir de faim.

Ses successeurs furent son fils Allaoui II, puis son frère Salim et enfin Abdallah III, qui se plaça sous le protectorat de la France et signa, à cet effet, avec M. Gerville-Réache, un traité qui fut ratifié par décret du 24 juin 1886.

A la mort d'Abdallah, le 2 février 1891, quatre prétendants se disputèrent le sultanat; la guerre civile, qui en résulta, mit le gouverneur de Mayotte, M. Sapinaud, dans l'obligation d'intervenir. Il arriva à Mutsamudu le 18 avril 1891, sur le *Boursaint*; les rebelles durent se soumettre et des troupes d'infanterie de marine furent débarquées dans l'île.

Le gouverneur de Mayotte proclama le prince Saïd Omar sultan d'Anjouan, le 2 avril 1891. Celui-ci mourait l'année suivante, le 14 avril 1892, et son fils cadet, Saïd Mohammed ben Saïd Omar, lui succéda le 14 avril 1892.

Anjouan, après avoir été, le 23 janvier 1896, rattaché avec Mayotte, Mohéli et la Grande-Comore au gouvernement de la Réunion, puis, par décret du 9 avril 1908, au gouvernement général de Madagascar, fut, par la loi du 25 juillet 1912, déclaré colonie française et dépendance de Madagascar.

*
* *

La vie politique de *Mayotte*, jusqu'en 1841, époque de sa cession à la France, est assez obscure. Les premiers habitants de cette île seraient venus des îles Tendji, Kiloa, Pemba, Patta.

Nous avons précédemment parlé de l'expédition des musulmans de Chiraz qui, vers l'année 1416 (794 de l'Hégire) sous la conduite de Mohammed Ben Aïssa, occupèrent les Comores. Attoumani ou Othman ben Ahmed, un des lieutenants de Mohammed, débarqua à Mayotte, épousa la fille du chef de M'Zambourou, et de cette union naquit la princesse Aminat. Celle-ci s'unit, à son tour, à Mohammed, fils d'Hassan, qui s'était installé à Anjouan.

Le fils de Mohammed et d'Aminat, Issa ben Mohammed, fut proclamé sultan de Mayotte. On lui doit la construction de la mosquée de Chingoni, en 844 de l'Hégire (1466 de notre ère).

A partir de cette époque et jusqu'à l'avènement de Boina Combo (début du 19e siècle), on possède peu de renseignements sur Mayotte. On sait que l'origine de Boina Combo, dont la mère était étrangère, lui aliéna une partie de ses sujets, qui se rallièrent aux côtés d'Andriantsouli, qui s'appelait Tsivola lorsqu'il fut chassé de son royaume du Boeni par les troupes de Radama Ier.

Après l'avoir reçu avec cordialité, Boina Combo ne tarda pas à constater certaines manifestations du caractère ambitieux de son hôte et la mésintelligence qui existait entre les partisans d'Andriantsouli et les siens. Il se rendit à Mohéli, en vue d'obtenir l'alliance de Ramanetaka (Abder Rhaman), mais il fut éconduit par celui-ci, qui lança une expédition contre Mayotte et s'empara du pouvoir.

Entre temps, Andriantsouli s'était réfugié en Anjouan. Il offrit à Abdallah II le sultanat d'Anjouan. Celui-ci fit une expédition qui, sous la conduite du vizir Zoubère, s'empara de Dzaoudzi et reprit le pays.

A la mort d'Abdallah, Andriantsouli put revenir à Mayotte et parvint, comme sultan de l'île, à proclamer l'indépendance du sultanat.

Se sentant jalousé par ses voisins et toujours en butte à leurs menaces, Andriantsouli décida de céder Mayotte au gouvernement français. Cette cession eut lieu le 25 avril 1841, par l'intermédiaire du capitaine Passot, et le traité fut ratifié en 1843.

Mayotte constitua pendant quelque temps une colonie française autonome, puis après avoir été rattachée, le 23 janvier 1896, au gouvernement de la Réunion, elle a été, par décret du 9 avril 1908, incorporée au gouvernement général de Madagascar et dépendances.

*
* *

En ce qui concerne la *Grande-Comore,* on sait que, vers 1843, elle était partagée entre cinq sultans, dont l'un, Said Achmed, sultan de Moroni, portait le titre de *thibé* ou suzerain des quatre autres, titre d'ailleurs purement honorifique, car, sauf sur ses deux fils Moina Noro et Alidi Ben Achmed, qui détenaient un sultanat, son autorité sur les deux autres vassaux était nulle, au point qu'en 1873, Moussa Foumou, sultan d'Itsandra et de Bambao, qui convoitait la succession d'Achmed, le jeta en prison, où il mourut en 1876.

Cependant Saïd Achmed avait, en 1870, par testament, légué, à son petit-fils Saïd Ali, et ses biens et ses droits de souveraineté.

Saïd Ali, à la mort d'Achmed, fit un pèlerinage à La Mecque et lorsqu'il revint à la Grande-Comore, Moussa Foumou s'était approprié le pouvoir de sultan Thibe.

Saïd Ali fut d'abord mis en échec, mais, grâce à l'intervention du gouvernement français, il parvint en 1881 à reconquérir l'autorité qui lui avait été disputée.

Saïd Ali, désireux de trouver un appui définitif, pria M. Humblot, naturaliste du Muséum d'histoire naturelle, chargé d'une mission scientifique à la Grande-Comore, en 1884, d'intervenir auprès du gouvernement français pour obtenir son protectorat. Saïd Ali signa le 6 janvier 1886, avec M. Gerville-Réache, commandant de l'île Mayotte, un traité qui fut ratifié par décret du 24 juillet suivant.

Le Dr Weber fut nommé résident de France à la Grande-Comore, en décembre 1886 et occupa ce poste jusqu'en février 1888.

Cependant les ennemis de Saïd Ali, notamment le prince Achimou et Allaoui Mohammed, n'avaient pas désarmé, et Saïd Ali, bloqué et assiégé dans Moroni, put heureusement être délivré par une vigoureuse intervention de la division navale française de l'océan Indien. Après quelques heures de combat, la compagnie de débarquement de la division mit en déroute les assiégeants de Moroni.

La révolte ne fut toutefois maîtrisée qu'en janvier 1887 après une nouvelle démonstration de notre division navale et l'envoi à la Grande-Comore de contingents d'infanterie et d'artillerie de marine.

Le prince Achimou, exilé à Diego-Suarez, parvint à s'en évader et à rallumer l'insurrection, mais dut faire sa soumission à la suite de l'intervention de notre vaisseau de guerre le *Beautemps-Baupré*.

Le 11 octobre 1889, M. Humblot fut nommé résident de France à Moroni et conserva ce poste jusqu'en 1896. En 1891 éclata une nouvelle révolte contre Saïd Ali, mais elle fut vite réprimée par nos troupes, qui ramenèrent l'ordre et la tranquillité à la Grande-Comore.

Mais Saïd Ali ne tarda pas lui-même à se mettre en désaccord avec le résident de France au sujet de certaines clauses du traité de protectorat, signé par lui, notamment au sujet des conditions d'attribution des territoires cédés à la France. Plusieurs attentats criminels furent commis contre M. Humblot, et Saïd Ali, tenu pour responsable, fut exilé à la Réunion et déchu de sa dignité de sultan de la Grande-Comore (20 novembre 1893).

L'archipel des Comores fut, par la suite, rattaché au gouvernement de la Réunion (23 janvier 1896), puis au gouvernement général de Madagascar (décret du 9 avril 1908).

Entre temps, une enquête fut ouverte pour déterminer la responsabilité de Saïd Ali dans les attentats criminels dirigés précédemment contre le résident de France à la Grande-Comore. Cette enquête, ayant démontré que l'ex-sultan n'avait pris aucune part à ces attentats, permit

UNE RUE CONTOURNANT LE PORT DE MORONI, A LA GRANDE-COMORE

de le relever de sa déchéance et il fut réhabilité par arrêté du 19 janvier 1910.

Saïd Ali est mort le 10 février 1916, commandeur de la Légion d'honneur et titulaire d'une pension annuelle.

ETHNOGRAPHIE

Les principales races qui peuplent l'archipel des Comores sont les Oimatsaha ou Bushmen, les Arabes, les Makoa, les Antalaotra, les Cafres et les Malgaches.

Les *Oimatsaha ou Bushmen* sont apparentés à la grande famille malayo-polynésienne. Leurs ancêtres, sortis de l'Insulinde, parcouraient les océans, en quête d'aventures et à la recherche de terres nouvelles. Ils sont robustes et bien découplés, de taille au-dessus de la moyenne ; ils ont le derme cuivré, les cheveux lisses ou crépelés, selon les degrés de leur métissage, et leur physionomie est intelligente.

Initiés à l'islamisme par les Arabes, ils ont abandonné à ceux-ci le littoral d'Anjouan, et vivent dans la région montagneuse de l'île, où ils suivent, avec une sévérité farouche, les préceptes du Coran.

Les *Arabes* constituent l'aristocratie de la population de l'archipel et exercent un certain ascendant sur les autres habitants. Ils ont conservé les mœurs et les coutumes des Arabes sédentaires. Ils ont le type yéménéen, caractérisé par la finesse des faits, la pureté de l'ovale du visage, le soyeux de la chevelure et la langueur du regard.

Les *Makoa* sont originaires de la côte orientale d'Afrique et ont été importés aux Comores par les Arabes, comme agriculteurs, mais surtout comme esclaves. Ils présentent, au physique et au moral, les caractéristiques du type nègre du groupe ethnique « africain ».

Les *Antalaotra* sont les métis des Arabes et des femmes noires originaires de l'Afrique et des femmes d'origine sakalava, mais sont plus particulièrement les individus provenant du croisement des colons sémites avec les Africains, qui se trouvaient à l'origine dans l'archipel ou qui y sont venus par la suite. Ces métis constituent un type particulier, désigné sous le nom de « Comorien », de taille élevée, au teint jaunâtre plus ou moins prononcé, aux cheveux crépus, aux muscles bien dessinés. Ces traits diffèrent, assez sensiblement d'ailleurs, suivant le croisement car, alors que le métis d'origine sémite a le nez arqué et le teint clair, celui d'origine africaine a le nez épaté, les lèvres plus épaisses et le teint plus foncé.

Les Comoriens sont très sobres et d'une très grande propreté et sont en général de constitution très robuste.

L'élément riche de la population porte avec la robe longue (le simbou), la grande chemise fine et la lévite en drap noir ou en soie de couleur, brodée d'or. La coiffe (couffia) est un bonnet blanc finement brodé qu'entoure une écharpe en soie de couleur. Les Comoriens riches portent à la ceinture un poignard recourbé, à manche d'or ou d'argent, retenu par un ceinturon tissé avec des fils du même métal que celui du manche de leur poignard. Ils sont chaussés de « cabouas », sortes de sandale, composées d'une simple semelle de cuir retenue à la partie supérieure du pied nu par deux brides.

Le Comorien de condition ordinaire se contente d'un simbou en étoffe de coton enroulé autour de la taille et la semelle de ses « cabouas » est faite avec de la pétiole de la feuille de cocotier.

La Comorienne riche porte un pantalon de soie qui descend jusqu'à la cheville, une longue camisole de même tissu et un châle (ou lamba) également de soie, qui lui couvre les épaules et la tête. Sa chaussure est aussi la « caboua » en cuir de couleur. Elle se pare de bijoux d'or et d'argent : colliers, bagues et bracelets. Quelques Comoriennes portent, suivant la mode hindoue, un bouton de métal à la narine et un masque, ordinairement doré, qui s'ouvre à la hauteur des yeux.

La femme de condition plus modeste est simplement vêtue : elle se drape dans une pièce d'étoffe de coton qu'elle enroule au-dessus de la poitrine et qu'elle serre autour de la taille avec une ceinture qui donne l'illusion d'une jupe.

Les *Cafres*, tout comme les Makoa, sont des individus introduits aux Comores par la traite des esclaves, provenant de tout le littoral de l'Est-Africain. Les types des Cafres ont, en général, conservé diverses coutumes de leurs congénères du continent et sont facilement reconnaissables par certaines mutilations corporelles, telles que leurs verrues artificiellement entretenues et développées, dessinant la ligne médiane de leur visage, leurs dents limées en pointe et, chez les femmes, la narine trouée et ornée d'un bouton de métal, le lobe de l'oreille percé d'un grand trou, occupé par un gros bouton double, en métal ou en cuir, les balafres qui sillonnent leur front et leurs joues.

Les *Malgaches*, proprement dit, dont nous avons déjà relaté les immigrations, suscitées par les guerres intestines qui les avaient poussés à quitter Madagascar pour aller se réfugier aux Comores. Bien qu'ils aient gardé, en partie, leurs usages, leurs mœurs et leur langue, ils se sont, peu à peu, convertis à l'islamisme, comme l'avaient fait d'ailleurs les Cafres.

Du reste la population générale de l'île est musulmane, de la confrérie sunnite. Le seul rite pratiqué est celui de l'Iman-Chafeyi, à l'exclusion des rites d'Abou-Hanifa, d'Ibn-Hambal et de Malek. Rattachées aux musulmans d'Egypte et de l'Océan Indien par le rite chafeyite, les bibliothèques arabes de l'archipel sont approvisionnées par les librairies du Caire et de Zanzibar et aussi par les imprimeries de l'Inde.

Dans chaque localité, le « Coran » est lu et commenté par des « Kolba », et alors que la haute société est musulmane fanatique, la classe populaire est insouciante et matérialiste.

*
* *

Dans l'archipel des Comores, quatre langues sont de pratique courante.

A Anjouan, l'arabe est la langue sacrée et officielle, le souahéli est la langue commerciale. Le dialecte anjouannais, qui est un mélange de souahéli, d'arabe, de makoa et même de portugais, est parlé dans tout l'archipel. A la Grande-Comore, la langue usitée est une variété de souahéli, tandis qu'à Mayotte et à Mohéli, le dialecte vulgaire se rapproche du malgache.

Administration des Comores

Nous avons précédemment dit que Mayotte avait été cédée à la France, le 25 avril 1841, par son dernier sultan Andriantsouli. Le traité passé entre ce dernier et le capitaine Passot, envoyé du contre-amiral de Hell, fut ratifié le 10 février 1843.

Après avoir constitué, pendant un certain temps, une colonie française autonome, Mayotte fut rattachée, en même temps qu'Anjouan, Mohéli et la Grande-Comore, au gouvernement de la Réunion, le 23 janvier 1896, puis au gouvernement général de Madagascar, par le décret du 9 avril 1908. Les trois dernières îles, placées sous le protectorat de la France, jusqu'alors, furent par la loi du 25 juillet 1912, déclarées colonies françaises et furent définitivement incorporées au gouvernement général de Madagascar et dépendances.

Un décret du 27 janvier 1925, dont les détails d'application ont été réglés par des arrêtés du gouverneur général de Madagascar, en date du 12 mars 1925, a organisé d'une manière spéciale l'administration des Comores.

L'archipel, comprenant quatre districts (Mayotte : chef-lieu Dzaoudzi ; Anjouan : chef-lieu Mutsamudu ; Mohéli : chef-lieu Fomboni ; Grande-Comore : chef-lieu Moroni), avec un poste administratif à Mitsamiouli (Grande-Comore), était alors placé sous l'autorité directe d'un administrateur en chef des colonies, portant le titre d'administrateur supérieur, désigné par le gouverneur général, qui lui avait délégué le pouvoir de statuer, sans délai, sur diverses questions d'ordre administratif et financier.

L'administration de l'archipel est depuis le décret du 4 mai 1926 confiée soit à un gouverneur des colonies qui prend le titre de lieutenant-gouverneur, soit à un administrateur en chef des colonies. L'un et l'autre de ces fonctionnaires relèvent du gouverneur général de Madagascar et dépendances.

Le lieutenant-gouverneur ou l'administrateur supérieur des Comores est assisté d'un conseil consultatif dont il est le président, composé du juge de paix à compétence étendue de l'archipel, du receveur des Domaines, du médecin-inspecteur de l'assistance médicale indigène, de deux notables français et d'un notable sujet français, originaire de l'archipel, nommés par arrêté du gouverneur général.

*
* *

Le service de la justice est assuré par une justice de paix à compétence étendue dont le siège est à Dzaoudzi et dont la juridiction s'étend à tout l'archipel.

La justice indigène est rendue par les tribunaux du premier degré de Dzaoudzi, Mutsamudu, Moroni et Fomboni (Mohéli) et par le tribunal du deuxième degré dont le siège est à Dzaoudzi.

De plus, un conseil d'arbitrage fonctionne dans chacun des chefs-lieux.

*
* *

L'enseignement indigène est donné dans une école régionale et dans plusieurs écoles du 1er degré.

*
* *

Une recette-conservation du service de l'enregistrement, des domaines et du timbre est installée à Dzaoudzi.

Les bureaux des douanes de Dzaoudzi, Mutsamudu,

Moroni et Fomboni sont ouverts au commerce d'importation et d'exportation. En outre, à Mitsamiouli (Grande-Comore) existe un poste de surveillance douanière.

*
* *

Le service des postes, des télégraphes et des téléphones est assuré par deux bureaux de plein exercice à Dzaoudzi et Moroni, par deux bureaux auxiliaires à Fomboni et à Mutsamudu et par six bureaux ruraux.

*
* *

Le service de santé et l'assistance médicale indigène, placé sous la direction d'un médecin inspecteur de l'A. M. I. comprend quatre hôpitaux et trois postes médicaux.

Situation économique de l'archipel des Comores

AGRICULTURE

D'une façon générale, le climat de l'archipel et la nature du sol des îles sont particulièrement favorables à la culture. Les indigènes cultivent surtout le cocotier, le vanillier, le manioc, le cacaoyer, les patates, les ambrevades et le maïs. A la Grande-Comore et à Mohéli, ils produisent également du riz de montagne d'excellente qualité.

Anjouan et Mayotte, surtout, sont les pays de prédilection pour les essences à parfums (ylang-ylang, lemongrass, citronnelle, basilic, vetiver). On y cultive également, avec succès, la canne à sucre, le sisal, le ricin et le pignon d'Inde.

Parmi les arbres fruitiers tropicaux, il convient de citer : les manguiers, les tamariniers, les frangipaniers, les orangers, les jacquiers, les bananiers, les letchi, les avocatiers, les anones, etc.

Les légumes d'Europe, enfin, sont également cultivés un peu partout avec succès.

L'ENTRÉE DE LA VILLE FORTIFIÉE DE M'TSUDJINI, A LA GRANDE-COMORE

ÉLEVAGE

Les indigènes de l'archipel s'adonnent à l'élevage du bœuf et du cabri. Le cheptel est d'environ 35.000 bovidés dont plus de 25.000 pour la Grande-Comore à elle seule; d'environ 28.000 chèvres ou cabris, dont plus de 15.000 à la Grande-Comore. C'est à Mayotte que l'élevage du bœuf est le moins important ; par contre les cabris et les volailles sont assez abondants.

Il n'existe qu'une très petite quantité de porcs dans l'archipel, dont la population est en majeure partie musulmane, et l'on sait que les rites de l'Islam sont contraires à la consommation de la chair de cet animal.

Il faut aussi mentionner l'existence dans les îles de quelques chevaux, ânes et mulets qui ont été importés pour les besoins des industries locales et des exploitations agricoles.

Les moutons y sont également peu nombreux et ne se rencontrent guère qu'à Mohéli.

COMMERCE

Le mouvement commercial à l'importation ne comprend guère que des objets manufacturés : tissus divers, quincaillerie, bimbeloterie, articles d'alimentation : riz, sel, sucre, pétrole, etc...

A l'exportation, ce sont principalement les produits de l'agriculture préparés ou transformés : vanille, sucre, rhums, essences à parfums, fibres de sisal, coprah, ricin, pignon d'Inde, peaux de bœufs et de cabris.

La Grande-Comore, surtout, échange des quantités de produits avec Zanzibar ; elle y expédie des cabris, des cuirs, des cordes en coïr (fibres de noix de coco), des haricots du pays, des ailerons de requin, des écailles de tortue, des coquillages à nacre, etc.

INDUSTRIE

La culture des plantes à parfum, de la canne à sucre, du manioc, etc..., ont eu pour corollaire l'industrie de la distillation et l'installation d'usines pour la préparation de la fécule de manioc, du savon, etc.

A la *Grande-Comore*, la Société Anonyme de la Grande-Comore, qui occupe une grande partie des terrains de l'île, a installé à Boboni une scierie mécanique pour l'exploitation des bois de la forêt, située sur sa concession : planches, lames de parquet, chevrons, traverses, caisses, qui sont exportés à Majunga, Diégo-Suarez et Zanzibar.

Cette scierie est reliée à Moroni par une voie Decauville.

Nous devons également citer les usines de Dache (savonnerie, huilerie, confiturerie).

A *Mohéli*, l'industrie est uniquement représentée par l'usine de Fomboni, installée, par la Société coloniale de Bambao, pour la préparation des cossettes de manioc desséché.

A *Anjouan*, plusieurs usines, utilisant la force motrice et le courant électrique, fonctionnent dans les domaines agricoles, en vue de la préparation et de la transformation des produits du sol :

L'usine du domaine de Nioumakelé pour la distillation d'ylang-ylang ;

L'usine de Missiri, comportant une savonnerie et distillerie d'eau-de-vie et de canne à sucre ;

L'usine de Bambao, appartenant à la Société Coloniale de Bambao (défibreuses à sisal, distilleries d'ylang-ylang et de citronnelle) ;

L'usine de Pomoni, installée par la même compagnie (sucrerie et rhumerie).

Enfin à *Mayotte* sont installées plusieurs usines : celle de Dzoumogné (sucrerie et rhumerie) ; celle de Combani (sucrerie, rhumerie et distillerie de citronnelle et de canelle); celle de Kangani (distillerie de citronnelle, d'ylang-ylang, basilic); celle de Kaseni et de Kongo (même industrie) ; celle de Debeney (même industrie) ; celle d'Ajangua (distillerie de citronnelle) ; celle de Mexico d'Ongouzou (distillerie de citronnelle et d'ylang-ylang) ; enfin celle de Dapani (distillerie de citronnelle).

—

Voies de communication

SERVICES MARITIMES

Les paquebots de la Compagnie des Messageries Maritimes, qui assurent le service de la ligne Marseille, côte orientale d'Afrique, Madagascar, la Réunion et l'île Maurice, font escale alternativement, à l'aller et au retour, dans les ports de Moroni (Grande-Comore), Fomboni (Mohéli), Mutsamudu (Anjouan) et Dzàoudzi (Mayotte), soit environ tous les deux mois.

En outre, des boutres hindous, arabes et comoriens circulent entre les îles de l'archipel et assurent des relations assez régulières avec Zanzibar, la côte d'Afrique et Madagascar. Le trafic de ces petits navires est même assez important.

En ce qui concerne les agglomérations côtières, les communications sont assurées par des canots et des pirogues.

RÉSEAUX ROUTIERS

A la Grande-Comore, une route carossable relie Moroni à Salimani et d'autres routes moins importantes mettent en relation les divers centres et permettent de faire le tour de l'île.

A Mohéli, les différentes localités sont en communication par des chemins et sentiers muletiers permettant de se rendre sur tous les points de l'île. Ces chemins relient Fomboni à Siri et à Itsanna, d'une part, et à Ouani et à Ouallah, d'autre part.

A Anjouan, les principales voies de communication partent de Mutsamudu pour se diriger, d'une part, sur Ouani, sur Patsy, Bambao et Nioumakelé et, d'autre part, elles conduisent à Pomoni, M'Page et Vassy. De nombreux sentiers sillonnent, en outre, toute l'île et mettent en relation les principales agglomérations.

Au point de vue des voies de communication, c'est Mayotte qui est la mieux pourvue des îles de l'archipel.

La plus importante est la route circulaire de 67 kilomètres, carrossable, desservant les principales localités et leurs établissements agricoles et qui met Mamoudzou en relations directes avec Dzoumoguié, Soulou, Passamenti, Debeney et Combani, etc. Mamoudzou, siège de la justice de paix, est très fréquenté et communique avec Dzaoudzi au moyen d'un bac qui, plusieurs fois par jour, sert à transporter les voyageurs, dans chaque sens.

Dzaoudzi est relié d'autre part par une route à Pamenzi-Bé.

Le réseau routier de l'intérieur de l'île est d'environ 104 kilomètres et suffit aux besoins du pays.

TÉLÉGRAPHIE SANS FIL

Il existe aux Comores trois postes de télégraphie sans fil.

Celui de Dzaoudzi (île de Mayotte) possède deux systèmes d'émission : un à étincelles rares (ronflée) et un à étincelles musicales dont la puissance est de 5 kilowatts.

Le poste de Dzaoudzi est ouvert à la correspondance publique générale avec les navires en mer. Ce poste effectue, en plus de son service côtier, la liaison avec Majunga et les autres îles des Comores.

Les longueurs d'onde d'émission de la station sont 300, 600 et 1.200 mètres et sa portée officielle est de 430 milles.

La station de Mutsamudu (Anjouan) est située sur le plateau de Hombo, à trois kilomètres environ de Mutsamudu. Elle possède un système d'émission S. F. R. d'une puissance de 5 kilowatts à étincelle musicale tube-plateau 1.000 périodes.

Ses longueurs d'onde d'émission sont de 600 et 1.200 mètres. Sa portée officielle est de 600 milles.

Le poste de Mutsamudu est ouvert à la correspondance publique générale avec les navires en mer. Il assure en outre la liaison entre l'île d'Anjouan, Madagascar et les autres îles de l'archipel.

Le poste de M'Dé est situé au village du même nom, à trois kilomètres du port de Moroni (Grande-Comore).

Ce poste possède un système d'émission S. F. R. à impulsion de 1 kilowatt, avec éclateur à disques. Comme les autres postes de l'archipel, le poste de M'Dé est ouvert à la correspondance publique générale avec les navires en mer et assure la liaison entre la Grande-Comore et les autres îles de l'archipel, mais il n'est pas suffisamment puissant pour communiquer directement avec Majunga. Le trafic avec Madagascar est transité par Mutsamudu et par Dzaoudzi. Ses longueurs d'onde d'émission sont 600 et 900 mètres et sa portée ne dépasse pas 100 milles.

Enfin pour compléter le réseau radiotélégraphique de l'archipel, la construction à Mohéli (Moroni) d'un petit poste est actuellement en cours d'exécution. Ce poste aura les mêmes caractéristiques que ceux décrits plus haut.

Travaux à effectuer aux Comores sur fonds d'emprunt

Nous avons, au paragraphe relatif aux voies de communication de l'archipel, parlé du réseau routier des îles.

Divers travaux ont paru nécessaires pour compléter ce réseau routier et, à cet effet, dans le programme des grands travaux de l'emprunt de 700 millions, un crédit de 2 millions serait consacré à diverses sections du réseau dont il s'agit.

La distribution des travaux qui ont été prévus est la suivante :

Grande-Comore

Route de Moroni à Fomboni............Fr.	300.000
— — à Mitsamiouli............	200.000

Mohéli

Tronçon de la route circulaire Ouest de Fomboni à Guiomachir....................Fr.	250.000

Anjouan

Allongement par Colpatsy de la route de Mutsamudu, Bambao et Bomoni..........Fr.	250.000

Mayotte

Mise en état de la route de Mayotte.....Fr.	1.000.000
Total..............................Fr.	2.000.000

Ces travaux seront exécutés par la main-d'œuvre recrutée avec le concours des Fokonol'ona (prestataires).

Enfin il convient de mentionner que d'autres importantes prévisions ont été, dans le même projet d'emprunt, réservées aux Comores et un crédit de 3 millions de francs a été prévu pour les travaux maritimes à effectuer dans les îles de l'archipel et pour l'éclairage de leurs côtes.

UN CHEF ANJOUANAIS

LES ILES GLORIEUSES

A l'archipel des Comores est rattaché le groupe des îles Glorieuses, occupées par la France depuis le 23 aout 1892.

Ces îles sont situées entre l'île de Mayotte et le cap d'Ambre, qui comme on le sait est l'extrémité Nord de Madagascar, et comprennent l'île Glorieuse proprement dite et l'île du Lys.

L'*île Glorieuse*, plate et sablonneuse, est plantée de filaos, de cocotiers et est couverte d'une végétation assez rabougrie.

L'île manque complètement d'eau douce ; les puits creusés n'ont jamais donné qu'un liquide saumâtre.

Les quelques habitants qui l'occupent sont contraints de boire l'eau de pluie qu'ils recueillent dans des citernes. Les habitants sont originaires des Seychelles ou de Nossi-Bé et sont pour la plupart au service de la Société des Iles Malgaches, qui se livre à la culture de cocotiers et de maïs, qu'elle exporte en même temps que le coprah.

Dans la partie Est de l'île, il existe un gisement de guano.

L'*île du Lys*, située à quelques milles au Nord-Ouest de Glorieuse, est reliée à celle-ci par un relief de sable et de corail émergeant en partie, à marée basse. Plus petite que Glorieuse, elle est un peu plus élevée. Elle est inhabitée et contient un troupeau de chèvres à l'état sauvage. On y trouve du guano produit par les nombreux oiseaux de mer qui viennent séjourner dans ces parages.

Les communications avec Mayotte et Diégo-Suarez se font au moyen de chaloupes et de pirogues de haute mer.

ILES SAINT-PAUL ET AMSTERDAM, ARCHIPELS KERGUELEN ET CROZET, TERRE ADÉLIE

En vue de permettre un contrôle effectif et suivi sur ces îles, situées dans les régions australes, et qui présentent un intérêt national pour l'industrie des grandes pêches, le gouvernement français a jugé nécessaire de rattacher ces possessions à un groupement colonial déjà constitué, et un décret du 21 novembre 1924 les a déclarées dépendances du gouvernement général de Madagascar.

Un décret du 24 mars de la même année avait réservé aux Français les droits miniers, de pêche ou de chasse dans l'archipel des Crozet et la Terre Adélie.

Un autre décret du 30 décembre 1924 a étendu aux îles Saint-Paul et Amsterdam, aux îles Kerguelen, Crozet et à la Terre Adélie les dispositions du décret du 12 avril 1914, portant règlementation de la pêche et de l'exploitation industrielle de la baleine dans les colonies françaises.

Ces îles sont, par suite, érigées en parc national français, pour la préservation des nombreux cétacés et éléphants de mer qui fréquentent les parages de leurs côtes et donnent lieu à des captures très importantes.

LES ILES SAINT-PAUL ET AMSTERDAM

Ce sont deux ilôts déserts dans l'Océan Indien, à mi-distance entre le Cap de Bonne-Espérance et l'Australie.

Ces deux îles, distantes de 78 km. environ l'une de l'autre, sont des sommets d'anciens volcans.

Saint-Paul fut découverte pour la première fois par un navigateur portugais, puis fut visitée par d'autres navigateurs dont le Brestois Péron qui y vécut trois années.

Cette île est le type des volcans insulaires ; c'est un ancien cratère ébréché qui, envahi par les eaux marines, constitue un véritable lac intérieur d'environ 1.200 à 1.300 mètres de largeur et présentant des profondeurs pouvant atteindre 70 mètres.

On y trouve de nombreuses sources thermales donnant parfois des températures de 100°. L'on y voit une végétation tropicale qui croît à côté d'une flore des climats froids et rigoureux.

Saint-Paul est peuplée d'oiseaux de mer en nombre considérable et contient des troupeaux de chèvres et beaucoup de lapins.

Amsterdam fut découverte en 1522 par Van Diémen, qui lui donna le nom qu'elle porte aujourd'hui. D'Entrecasteaux y aborda en 1792.

Amsterdam est un bloc dressé en falaises abruptes atteignant une altitude de 911 mètres. On y aborde au Nord-Est. Des sources vives y abondent et entretiennent de nombreux bouquets de bois, dans lesquels vivent en liberté un troupeau de bœufs et des porcs, provenant, les uns et les autres, d'une introduction faite vers 1870 par un Français de la Réunion.

De nombreux cétacés et baleinoptères, ainsi que des éléphants de mer, fréquentent les côtes de l'île et font l'objet d'importantes et fructueuses captures.

L'ARCHIPEL KERGUELEN

Les îles Kerguelen, situées dans l'Océan Indien au Sud-Est des précédentes, présentent une superficie d'environ 6.300 kilomètres carrés et constituent un archipel comprenant, outre l'île Kerguelen proprement dite, six îles moyennes, 124 îles plus petites et 160 îlots ou rochers.

Le climat de l'archipel est rigoureux, les vents y sont violents, les pluies fréquentes et abondantes. Les sommets sont couverts de neiges éternelles et de glaciers.

Les côtes sont très découpées et offrent, par conséquent, un développement considérable (environ 1.300 kilomètres). Elles furent découvertes en 1772 par le navigateur français comte Yves de Kerguelen-Tremarec, puis furent visitées par de nombreux autres explorateurs tels que Cook, qui donna à l'archipel le nom de « Terre de la Désolation », Rhodes, Ross, etc.

La faune de l'archipel est assez variée : le littoral abrite une foule innombrable d'oiseaux de mer : pétrels, cormorans, pingouins, manchots, mouettes, albatros, etc.

Par contre, les baleines et autres cétacés qui fréquentaient ces parages et offraient des chasses fructueuses se raréfient de plus en plus. C'est surtout à la chasse des éléphants de mer ou macrorhines que se livrent les navires, qui en font l'exploitation pour le compte de la Compagnie Générale des Iles Kerguelen, Saint-Paul et Amsterdam, laquelle a installé à Port-Jeanne-d'Arc une usine munie d'un matériel moderne. Le lard des macrorhines est traité sur place et transformé en huile très recherchée pour les divers besoins de l'industrie, tandis que l'épiderme des phoques donne une fourrure très estimée et un cuir d'une extrême souplessse également très prisée.

Les îles sont peuplées d'une multitude de lapins.

Il y existe également des porcs qui y vivent, à l'état libre, dans les prairies voisines des côtes. Par contre, des essais tentés pour l'élevage du mouton à laine n'ont encore donné aucun résultat satisfaisant.

La flore est assez uniforme et se compose surtout de phanérogames et de cryptogames ; le sol est en général recouvert de mousses, gazons, algues et lichens.

L'ARCHIPEL CROZET

L'*Archipel Crozet* est constitué par un groupe d'îles désertes dont la principale est l'île de la Possession. Elles furent découvertes en 1772 par Marion et Crozet, navigateurs français.

Le sol de ces îles et leur végétation rappellent ceux des Kerguelen et les rivages abritent de nombreux oiseaux de mer et des mammifères marins, phoques et macrorhines.

LA TERRE ADÉLIE

La *Terre Adélie,* découverte en 1840 par Dumont d'Urville, fait partie du continent antarctique et, pour cette raison, ne présente pas le même intérêt que les îles décrites plus haut.

Pour terminer cet exposé, nous dirons qu'une mission vient d'être envoyée (février 1931), par M. le gouverneur général Léon Cayla aux îles Kerguelen, Saint-Paul et Amsterdam.

Cette mission, dont était chargé le directeur des Domaines de Madagascar, s'est embarquée sur l'aviso *Antarès*, de notre marine nationale, sous le commandement du capitaine de frégate Pérot, et a visité successivement, aux îles Kerguelen, Port-Christmas, Port-Hopeful, Port-Jeanne-d'Arc, Port-Navalo, Greenland et enfin Port-Couvreux. D'intéressantes observations météorologiques et géodésiques furent effectués dans ces diverses baies et aussi d'importants sondages et relevés topographiques.

La mission rechercha, en même temps, le point de la côte présentant les conditions les plus favorables à l'établissement d'un poste administratif et à l'installation d'un poste de T. S. F.

Elle se rendit ensuite aux îles Amsterdam et Saint-Paul. Cette dernière, où se fabriquent en grande quantité des conserves de langoustes, est déjà habitée par une vingtaine d'Européens et une centaine d'indigènes venus de Madagascar pour le compte de la Compagnie Générale des Iles Kerguelen, Saint-Paul et Amsterdam.

Imprimerie spéciale de la DÉPÊCHE COLONIALE

13, Quai Voltaire. — Paris

Tél. : Littré 88-21

www.ingramcontent.com/pod-product-compliance
Ingram Content Group UK Ltd.
Pitfield, Milton Keynes, MK11 3LW, UK
UKHW021518260726
13993UKWH00004B/1737

9 782329 201085